ZUM GLÜCK GIBT'S

Ozeane und Meere

von Tracey Turner
illustriert von Fiona Powers
übersetzt von Frederik Kugler

Laurence King Verlag

Erstmals erschienen in Großbritannien 2022 unter dem Titel
I´m Glad There Are Oceans And Seas bei The Watts Publishing Group

© The Watts Publishing Group, 2022
Alle Rechte vorbehalten.

Für die Originalausgabe
Design- und Projektmanagement: Raspberry Books
Art Direction: Sidonie Beresford-Browne
Design: Kathryn Davies
Illustrationen: Fiona Powers

Für die deutschsprachige Ausgabe
Übersetzung: Frederik Kugler
Lektorat: Anne Vogel-Ropers

Hergestellt in China, 1. Auflage Dezember 2022

MIX
Paper from
responsible sources
FSC
www.fsc.org
FSC® C104740

Laurence King Verlag GmbH
Jablonskistr. 27, 10405 Berlin

Ein Imprint der
Hachette Children´s Group
Carmelite House
50 Victoria Embankment
London EC4Y 0DZ

Ein Unternehmen von Hachette UK
www.hachette.co.uk

www.laurencekingverlag.de
www.hachettechildrens.co.uk

ZUM GLÜCK GIBT'S

Ozeane und Meere

von Tracey Turner
illustriert von Fiona Powers
übersetzt von Frederik Kugler

Laurence King Verlag

Inhalt

ZUM GLÜCK GIBT'S

Ozeane und Meere!

OZEANE SIND GROSSARTIG!

Hier leben so viele Tiere – Ozeane sind der größte Lebensraum für Tiere auf der Erde. Es gibt aber noch viele andere Gründe:

★ Es ist fantastisch, bei Ebbe Gezeitentümpel anzusehen.

★ Die Ozeane helfen der Welt zu atmen, da sie Sauerstoff produzieren, den alle Lebewesen auf der Erde brauchen.

★ Die Ozeane bedecken den größten Teil unseres „Blauen Planeten" – nämlich etwa zwei Drittel.

★ Es macht Spaß, im Meer zu schwimmen und zu paddeln.

Vielleicht lebst du am Meer oder kannst im Urlaub hinfahren und diese erstaunliche Wasserwelt mit eigenen Augen sehen.

 Gehe immer nur in Begleitung eines Erwachsenen ans Wasser!

OZEANE UND MEERE

Es gibt fünf riesige Ozeane auf der
Erde und etwa 80 Meere. Die Meere
sind Teil der Ozeane. Die Ozeane und
Meere sind alle miteinander verbunden
und bilden zusammen eine gewaltige
Wasseroberfläche: das Weltmeer.

ARKTISCHER
OZEAN

ATLANTISCHER
OZEAN

PAZIFISCHER
OZEAN

INDISCHER
OZEAN

SÜDLICHER
OZEAN

Strände,

... weil es dort so viel zu sehen und zu tun gibt.

STRÄNDE können sandig, steinig oder ein bisschen von beidem sein. Sand besteht aus winzigen Gesteins- und Muschelkörnern, die vom Meer zermahlen wurden. Kieselsteine können interessante Formen haben – manche haben sogar Streifen oder Löcher!

Man sieht auch oft Seetang, der an den Strand gespült wurde. Seetang produziert Sauerstoff, der dazu beiträgt, dass die Ozeane gesund bleiben.

Muscheln, die leer am Strand liegen, waren das Zuhause von Tieren. Halte nach Tieren Ausschau, die immer noch ihre Muscheln bewohnen, wie Miesmuscheln, die an Felsen kleben, oder Krebse, die zwischen ihnen herumkrabbeln.

MÜLLSAMMELN AM STRAND

Hilf mit zu verhindern, dass Chipstüten und Plastikflaschen ins Meer gelangen und den Tieren schaden, indem du mit deiner Familie bei euren Strandspaziergängen Müll aufsammelst.

ZUM GLÜCK GIBT'S

Wellen,

...weil es Spaß macht, in ihnen spielen!

Das Wasser in den Ozeanen ist immer in Bewegung und wird von Strömungen unter der Oberfläche geschoben und gezogen. Die Wellen, die an den Strand rollen, entstehen durch den Wind, der über die Wasseroberfläche weht.

Je schneller und länger der Wind bläst, desto größer werden die Wellen. Die Wellen, die du am Strand brechen siehst, können Tausende von Kilometern entfernt entstanden sein.

Schwimmen zu lernen macht Spaß und ist sehr wichtig! Schwimme aber NIE allein, sondern immer in Begleitung eines Erwachsenen!

Springe über kleine Wellen, die am Strand brechen.

Gezeiten,

...weil sie den Strand jeden Tag anders aussehen lassen.

Wir haben zweimal am Tag **EBBE UND FLUT.** Der Zeitraum, in dem das Meer steigt, das Wasser tiefer und der Strand schmaler wird, heißt Flut. Der Zeitraum, in dem sich das Meer zurückzieht, das Wasser flacher und der Strand breiter wird, heißt Ebbe.

Gezeiten entstehen durch die Anziehungskraft des Mondes und der Sonne. Sie ziehen das Wasser zu sich, während die Erde sich dreht, sodass Flutberge entstehen.

GEZEITENTÜMPEL

An vielen Stränden kommen bei Ebbe Gezeitentümpel zum Vorschein. Setze dich mit einem Erwachsenen an den Rand und verhalte dich ganz ruhig. Vielleicht siehst du dann sogar Krebse krabbeln, Fische und Garnelen schwimmen und Seeanemonen, die mit ihren Tentakeln winken.

Wale und Delfine,

...weil sie so schön und faszinierend sind.

WALE UND DELFINE leben im Meer, wie Fische, sind aber Säugetiere, wie wir! Sie können sehr lange unter Wasser bleiben, kommen aber an die Oberfläche, um zu atmen. Sie leben in Gruppen zusammen, die Schulen genannt werden.

Der dröhnende Ruf eines Wals ist eines der lautesten Geräusche in der Tierwelt. Delfine kommunizieren mit Klicklauten miteinander, können aber auch quietschen, pfeifen und keckern. Jeder hat seinen ganz eigenen Pfiff.

Wale und Delfine nutzen Geräusche auch, um sich zu orientieren und Nahrung zu finden. Sie geben Laute von sich, die von allen Objekten im Ozean als Echo zurückgeworfen werden, das sie dann zu einem Bild ihrer Umgebung verarbeiten. Dieser Prozess wird Echoortung genannt.

15

Korallenriffe,

... weil sie farbenfrohe Unterwasserwelten sind.

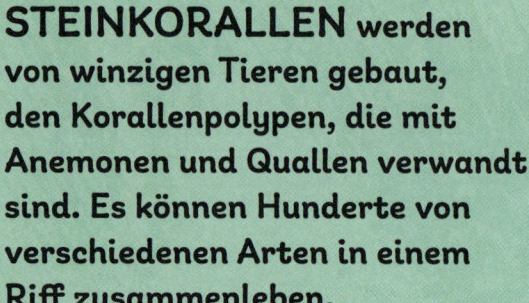

STEINKORALLEN werden von winzigen Tieren gebaut, den Korallenpolypen, die mit Anemonen und Quallen verwandt sind. Es können Hunderte von verschiedenen Arten in einem Riff zusammenleben.

Korallen erhalten ihre leuchtenden Farben von Algen. Korallen bieten Algen einen sicheren Ort zum Leben und einen Teil ihrer Nahrung. Die Algen bieten den Korallen wiederum einige der Dinge, die sie zum Wachsen brauchen, und produzieren Sauerstoff, den alle Lebewesen auf der Erde benötigen.

Korallenriffe sind voller Leben. Sie bieten Hunderten von Tieren ein Zuhause, zum Beispiel Haien, Rochen, Seepferdchen, Kraken, Aalen, Schildkröten und noch vielen mehr.

SCHÜTZE DIE RIFFE,

... indem du weniger Wasser verbrauchst (damit weniger Abwasser in die Meere zurückfließt). Berühre beim Schnorcheln niemals Korallen oder etwas anderes in einem Riff. Du kannst auch Organisationen unterstützen, die Korallenriffe schützen.

Seevögel,

... weil ihre Rufe unverwechselbar sind.

Du weißt, dass du in der Nähe eines Meeres bist, wenn du das **KREISCHEN VON SEEVÖGELN** hörst, die über dich hinweggleiten.

Neben Möwen gibt es viele andere Arten von Seevögeln. Besonders niedlich sind Papageitaucher, die sowohl unter Wasser schwimmen als auch fliegen können.

Der Vogel mit der größten Flügelspannweite ist ein Seevogel: der Albatros. Diese erstaunlichen Vögel verbringen die meiste Zeit ihres Lebens in der Luft, wo sie mit ihren weit ausgebreiteten Flügeln auf Luftströmen dahingleiten.

ALBATROS

MÖWE

KREISCH, KREISCH, KREISCH

Viele Seevögel, wie Papageitaucher, brüten in großen Gruppen (Kolonien) an Klippen, wo die meisten Räuber nicht an sie herankommen.

PAPAGEITAUCHER

Lummen haben spitze Eier, die sich um sich selbst drehen, statt von den Klippenrändern zu rollen!

LUMME

Mangroven,

...weil sie unsere Küsten schützen.

MANGROVENBÄUME

leben dort, wo die meisten Bäume niemals leben könnten: im salzigen Meerwasser an tropischen Küsten. Sie haben lange Wurzeln, die bis ins Wasser und den Sand darunter reichen, und den Baum an Ort und Stelle halten. Die Wurzeln filtern das Salz aus dem Wasser, das die Bäume aufnehmen.

Die morastigen Mangrovensümpfe sind ein sehr guter Schutz gegen Stürme, die hohe Wellen an die Küsten schlagen lassen.

Mangrovensümpfe schützen aber nicht nur unsere Küsten, sie bieten auch Schildkröten, Krebsen, Alligatoren und Krokodilen ein Zuhause. Sie sind geschützte Orte und eine sichere Kinderstube für viele junge Meeresbewohner.

Tiefenzonen,

...weil sie vielen Meeresbewohnern ein Zuhause bieten.

Die Lichtreiche Zone reicht bis in eine Tiefe von 200 m. Hier leben die meisten Meerestiere.

In der Dämmerzone – 200 bis 1.000 m tief – ist viel weniger Licht. Hier leben weniger Meerestiere.

In der Dunkelzone – 1.000 bis 4.000 m tief – herrscht gar kein Licht mehr. Pottwale können bis in diese Zone hinabtauchen.

Danach kommt nur noch das Abyssal, eine Region, die bis zu 6.000 m Tiefe reicht.

Hier leben Quallen-, Tintenfisch- und Fischarten, von denen einige sogar im Dunkeln leuchten!

Neben der Dunkelheit herrschen hier ein extrem hoher Wasserdruck und eiskalte Temperaturen.

Fluss-mündungen,

ZUM GLÜCK GIBT'S

MÜNDUNGEN sind Orte, an denen Flüsse auf das Meer treffen. Bei Flut sind sie überschwemmt, doch bei Ebbe sind es flache Gebiete aus nassem, schlammigem Sand.

Unter dem Schlamm leben Millionen von Schnecken, Würmern, Muscheln und anderen kleinen Lebewesen. Hier tummeln sich Watvögel und stecken auf der Suche nach Leckerbissen ihre langen Schnäbel in den Sand.

VÖGEL BEOBACHTEN

Neben Watvögeln kommen auch Enten-, Gänse- und Schwanenschwärme in die Flussmündungen. In dieser Schlammlandschaft kann man wunderbar Vögel beobachten. Falls du nicht in Wassernähe lebst, kannst du auch nach Vögeln Ausschau halten, die auf dem Weg zum Meer sind.

Manchmal stehen die Vögel auf einem Bein im kalten, nassen Schlamm, während sie das andere in ihr wärmendes Gefieder ziehen.

Tiefsee-kreaturen,

... weil sie rätselhafte, leuchtende Wesen sind.

Hunderte von Metern unter der Meeresoberfläche leben seltsame KREATUREN in dunklen, kalten Gewässern.

Die meisten Tiefseefische produzieren ihr eigenes Licht, um Räuber zu verwirren, miteinander zu kommunizieren oder um Beute anzulocken. Anglerfische haben eine Art lange, knöcherne Rute, die wie eine Angel aus ihrem Kopf herausragt und deren Ende leuchtet. Dieses Licht zieht andere Wesen an, die der Anglerfisch dann verschlingt.

Tiefseequallen ziehen beim Schwimmen ihre langen, giftigen Tentakel hinter sich her und fressen die Tiere, die sie damit fangen.

ZUM GLÜCK GIBT'S

Eismeere,
...weil dort so viele wunderbare Tiere leben.

Eismeere gibt es **GANZ IM NORDEN UND GANZ IM SÜDEN** der Welt: in der Arktis und Antarktis. Das Wasser dort ist so kalt, dass es manchmal gefriert und zu Meereis wird. Im Winter gibt es mehr Meereis, und im Sommer schmilzt einiges davon wieder.

Tiere, die in diesen kalten Meeren leben, müssen sich warmhalten. Walrosse haben eine dicke Fettschicht, die Blubber genannt wird, um die Kälte abzuhalten. Pinguine haben Federn, die außen Wasser abweisen und innen trocken, flauschig und kuschelig sind.

KAISERPINGUINE

NORDPOL

In der Nähe des Nordpols leben unter anderem mächtige Eisbären, Walrosse und Narwale. Das ist eine Walart mit langem Stoßzahn.

EISBÄR

NARWAL

ORCA

SEELEOPARD

SÜDPOL

In der Nähe des Südpols leben Pinguine und Seeleoparden. Orcas und Buckelwale besuchen beide Pole.

GLOSSAR

Antarktis
Die Region um den Südpol

Arktis
Die Region um den Nordpol

Echoortung
Prozess, der es einigen Tieren
ermöglicht, sich zu orientieren,
indem sie Schallwellen (Laute)
aussenden und auf das Echo warten,
das von den Objekten in ihrer
Umgebung zurückgeworfen wird

Filtern
Prozess, bei dem ein Material von
einem anderen getrennt wird, z. B.
Salz von Meerwasser

Fische
wechselwarme Tiere mit Wirbelsäule
und Kiemen zum Atmen, die im
Wasser leben

Flussmündung
Bereich, wo ein Fluss in einen anderen
Fluss oder in ein Meer übergeht

Gezeiten
bezeichnet das Ansteigen (Flut) und
Abfallen (Ebbe) der Meere aufgrund
der Anziehungskraft von Sonne und
Mond auf die Erde

Gezeitentümpel
Tümpel, die bei Ebbe zwischen dem
Gestein zurückbleiben und in denen
man Meerestiere und -pflanzen
beobachten kann

Koralle
harte Substanz, die von winzigen
Lebewesen (Polypen) gebildet wird

Lebensraum
Ort, an dem ein Lebewesen alles findet, was es zum Überleben braucht

Mangroven
Bäume, die an tropischen Küsten und Flussufern im Salzwasser wachsen

Muscheln
Tiere, die im Wasser leben und zwei Klappen als Schale haben, wie Miesmuscheln

Räuber
Tiere, die andere Tiere fangen und fressen

Riff
Erhebung aus Gestein oder Korallen unter der Meeresoberfläche

Säugetier
gleichwarmes Tier mit Wirbelsäule, das seine Jungen lebend gebiert und mit Milch säugt

Sauerstoff
eins der Gase, aus denen die Luft besteht, die wir atmen

Tentakel
längliche, meist bewegliche Fäden oder Arme von Pflanzen und Tieren

tropisch
bezieht sich auf die Tropen, also auf die Regionen nördlich und südlich des Äquators (das ist eine gedachte Linie, die die Erde in eine Nord- und Südhalbkugel teilt), in denen es das ganze Jahr über sehr heiß ist

REGISTER

WEITERE TITEL IN DIESER REIHE:

Sterne und Mond 978-3-96244-335-1   Wolken und Regen 978-3-96244-336-8

Weitere Titel in dieser Reihe:

ISBN 978-3-96244-335-1

9 783962 443351

ISBN 978-3-96244-336-8

9 783962 443368

LAURENCE KING